GOSCINNY UND UDERZO
PRÄSENTIEREN

RÖMER MÜSSEN DRAUSSEN BLEIBEN

Text: **M. Choquet - Y. Coulon - J. Erbin**

Zeichnungen: **J. Bastide - P. Fenech**

BÄNG! COMICS
EGMONT

www.asterix.de Asterix und Obelix @lartdasterix

IDÉFIX ET LES IRRÉDUCTIBLES
PAS DE QUARTIER POUR LE LATIN

IDEFIX UND DIE UNBEUGSAMEN
RÖMER MÜSSEN DRAUSSEN BLEIBEN

Übersetzung aus dem Französischen: Klaus Jöken

Verantwortlicher Redakteur: Wolf Stegmaier
Redaktion: Annica Strehlow
Lektorat: Michael Groenewald und Matthias Wieland
Produktmarketing: Karoline Westermeyer Benz
Herstellung: Stefanie Günther

Die Geschichten von Idefix und den Unbeugsamen basieren auf den Figuren
aus den Abenteuern von Asterix dem Gallier von René Goscinny und Albert Uderzo

Texte: Matthieu Choquet, Yves Coulon, Jérôme Erbin
Zeichnungen: Jean Bastide, Philippe Fenech

3. Auflage 2022
Verlegt von: Egmont BÄNG! COMICS durch
Egmont Verlagsgesellschaften mbH,
Alte Jakobstraße 83, 10179 Berlin
Printed in the EU
ISBN 978-3-7704-0704-0

WIR BEFINDEN UNS IM JAHRE 52 V. CHR. GANZ LUTETIA IST VON DEN RÖMERN BESETZT… GANZ LUTETIA? NEIN! EINE KLEINE SCHAR UNBEUGSAMER TIERE UNTER DER FÜHRUNG VON IDEFIX HÖRT NICHT AUF, GEGEN DIE GEPLANTE ROMANISIERUNG DER STADT WIDERSTAND ZU LEISTEN. SO IST DAS LEBEN NICHT LEICHT FÜR GENERAL LABIENUS UND DIE RÖMISCHE HUNDEMEUTE, DIE VERSUCHEN, IN LUTETIA DEN RÖMISCHEN FRIEDEN DURCHZUSETZEN…

IDEFIX IST DER HELD DIESER ABENTEUER, BLITZGESCHEIT, MIT EINER UNVERGLEICHLICHEN SPÜRNASE. ER IST DER CHEF EINER BANDE UNBEUGSAMER TIERE, DIE IN LUTETIA GEGEN DIE RÖMER WIDERSTAND LEISTET. DENN DIESE HABEN UNGERECHTIGKEIT UND UMWELTZERSTÖRUNG IN DIE STADT GEBRACHT. IDEFIX FÜRCHTET SICH VOR NICHTS, NUR EINES ÄRGERT IHN: WENN MAN IHN KLEIN NENNT!

TURBINE IST DIE BESTE FREUNDIN VON IDEFIX. ALS SCHNELLSTE HÜNDIN VON LUTETIA SAUST SIE DURCH ALLE GASSEN DER STADT UND HÄNGT JEDE RÖMISCHE HUNDEMEUTE SPIELEND AB. TURBINE IST ALLZEIT BEREIT, IDEFIX ZU HELFEN. WENN SIE NUR SEINE PLÄNE NICHT IMMER GLEICH WIEDER VERGESSEN WÜRDE.

DERTUTNIX IST DER MUSKELPROTZ DER BANDE. WIE EINE BOWLINGKUGEL IN DIE RÖMISCHE HUNDEMEUTE HINEIN ZU PRESCHEN IST SEINE SPEZIALITÄT! ER STAMMT AUS TOLOSA (TOULOUSE) UND IST DER HUND DES METZGERS SCHASCHLIX UND SEINER FRAU APFELSINE. DIE MACHEN DIE BESTEN WÜRSTE ÜBERHAUPT, FINDET ER.

SARDINE IST EINE STREUNENDE KATZE, DIE SICH VON NIEMANDEM ETWAS SAGEN LÄSST. UNABHÄNGIG, SELBSTBEWUSST UND KRATZBÜRSTIG KENNT SIE IN LUTETIA JEDEN WINKEL. UND ALLE RÖMER WERDEN BLASS, WENN SIE IHRE SCHARFEN KLAUEN AUSFÄHRT.

WEISSNIX, DER UHU, LEBT BEIM DRUIDEN AMNESIX, DER SICH VOR DEN RÖMERN IN DEN WALD ZURÜCKGEZOGEN HAT. ER BEOBACHTET SEIN HERRCHEN GANZ GENAU, WEIL ER DAVON TRÄUMT, SELBST DRUIDE ZU WERDEN. DESHALB MIXT ER ZAUBERTRÄNKE, DIE LEIDER NIE SO WIRKEN, WIE SIE SOLLEN!

ASTMATIX IST EIN URALTER TÄUBERICH UND VETERAN DES GALLISCHEN KRIEGES. BEIM VERSUCH, DEM UNTERLEGENEN GALLISCHEN HÄUPTLING CAMULOGENUS EINE NACHRICHT ZU ÜBERBRINGEN, WURDE ER SCHWER VERLETZT. ALS LEBENDES GEDÄCHTNIS VON LUTETIA TEILT ER SEINE ERFAHRUNG UND SEIN WISSEN MIT DEN JUNGEN UNBEUGSAMEN. UND WIE JEDE TAUBE KANN ER KEINEM ZU BODEN GEFALLENEN BROTKRUMEN WIDERSTEHEN.

LAWINES BÄLLCHEN

TEXT: YVES COULON
ZEICHNUNGEN: PHILIPPE FENECH

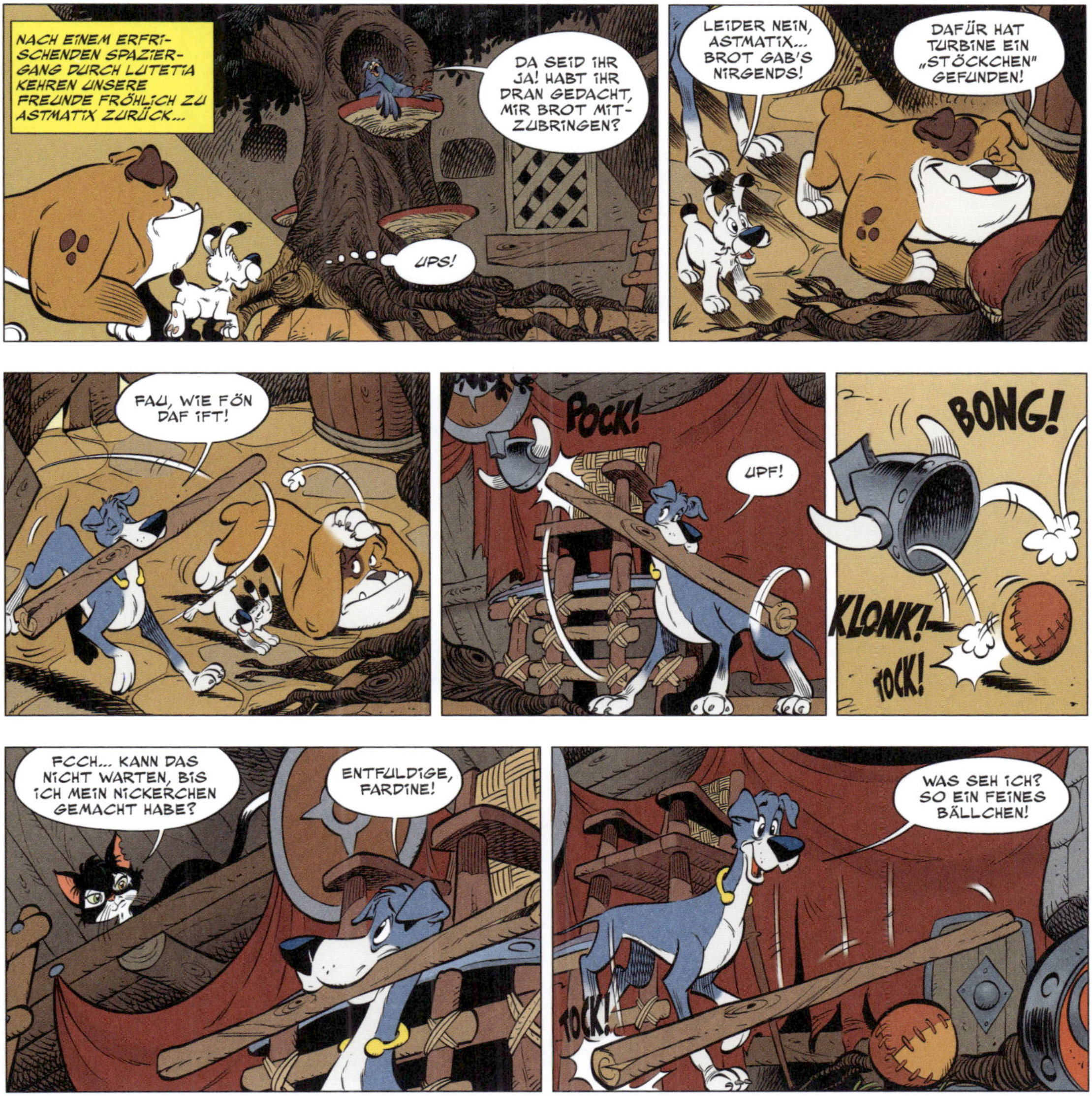

WOLLEN WIR DAMIT SPIELEN? SAG, IDEFIX! JA?
?!
AUF GAR KEINEN FALL, UNSELIGE! DAS IST DER BALL VON LAWINE, DER HÜNDIN DES CAMULOGENOS!
DIESER BALL GEHÖRTE DER HÜNDIN DES GROSSEN GALLISCHEN HÄUPTLINGS VON LUTETIA?!
JA! DEN BALL HAT CAMULOGENOS EIGENHÄNDIG UND NUR FÜR LAWINE ANGEFERTIGT...
AAAH... LAWINE, DIE HÜNDIN UNSERES GROSSEN CHEFS CAMULOGENOS...

LAWINE WAR VON ALLEN HÜNDINNEN GALLIENS AM TAPFERSTEN.
DOCH EINES TAGES KAM DER RÖMISCHE GENERAL LABIENUS UND EROBERTE LUTETIA MIT GEWALT!
NIE WERDE ICH DIESEN SCHRECK-LICHEN TAG VER-GESSEN...
UNERMÜDLICH HABE ICH UNSEREN TRUPPEN SO MANCH GEHEIME NACHRICHT ÜBERBRACHT!
TROTZDEM IST UNS DER HIMMEL AUF DEN KOPF GEFALLEN...
CAMULOGENOS WURDE BE-SIEGT...
UND DIE TAPFERE LAWINE HAT IHREN BALL NIE WIEDER GESEHEN!

ICH HAB IHN HIER BEI DEN ANDEREN SACHEN VON CAMULOGENOS GEFUNDEN UND SEITDEM AUFBEWAHRT.
OJE!... TRAURIG... UND SCHÖN ZUGLEICH!
KÖNNT IHR TÖLEN NICHT DRAUSSEN WEITERPLAPPERN?
ICH WÜRDE HIER GERN MEIN NICKERCHEN MACHEN!!
DER GUTE ASTMATIX HAT MICH MIT SEINER BÄLLCHENGESCHICHTE RICHTIG GERÜHRT.
MICH AUCH! DIESMAL DENKEN WIR BESTIMMT AN SEINE BROTKRUMEN!
DASCH BÄLLSCHEN ISCHT TOLL! SCHPIELEN WIR?

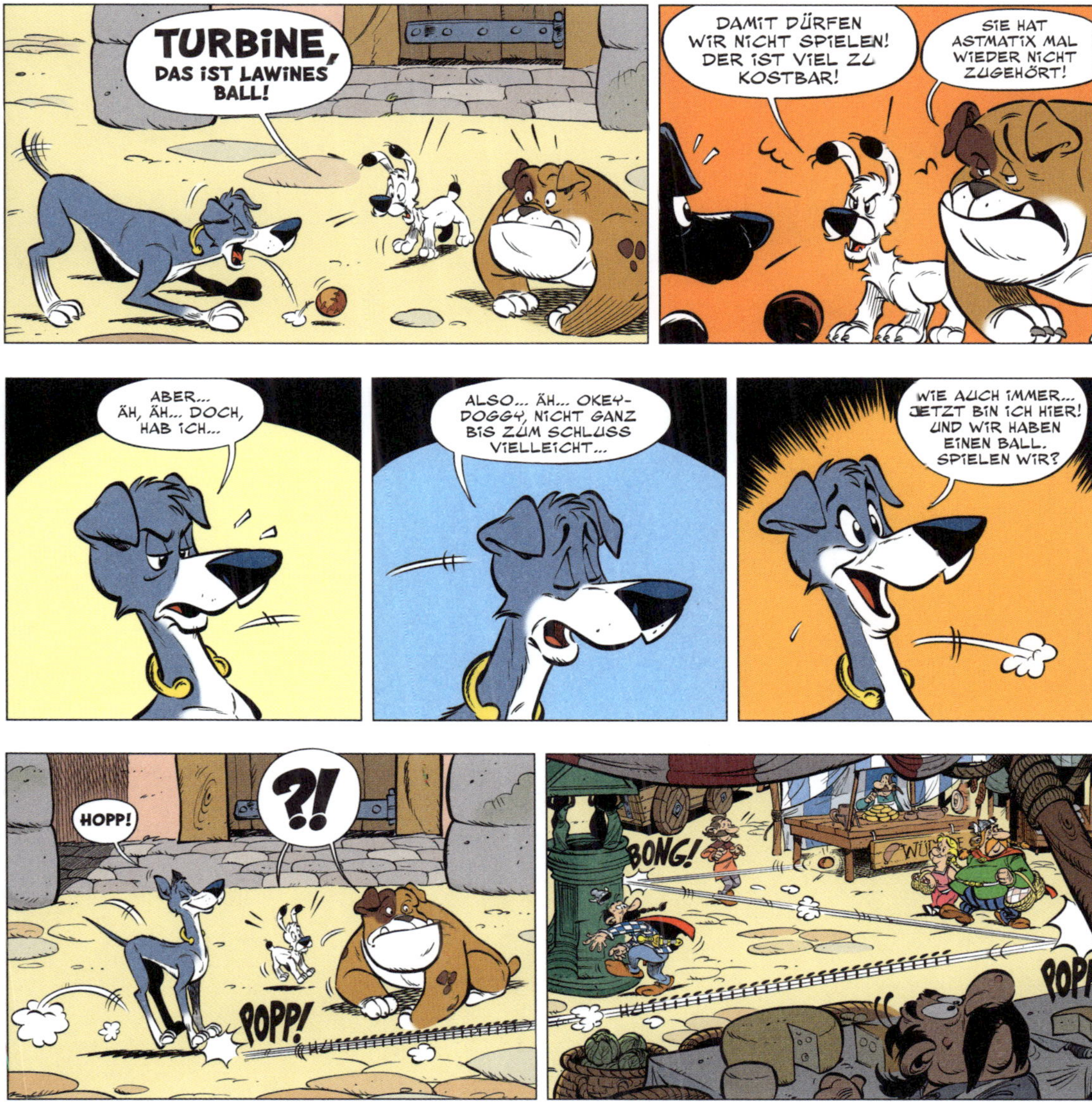
TURBINE, DAS IST LAWINES BALL!
DAMIT DÜRFEN WIR NICHT SPIELEN! DER IST VIEL ZU KOSTBAR!
SIE HAT ASTMATIX MAL WIEDER NICHT ZUGEHÖRT!
ABER... ÄH, ÄH... DOCH, HAB ICH...
ALSO... ÄH... OKEY-DOGGY, NICHT GANZ BIS ZUM SCHLUSS VIELLEICHT...
WIE AUCH IMMER... JETZT BIN ICH HIER! UND WIR HABEN EINEN BALL. SPIELEN WIR?
HOPP!
?!
POPP!
BONG!
POPP!

BING!
PAFF!
PFFF!
SCHNÄUZEL-CHEN, SAG DOCH WAS.
PAFF!
BONG!
GRRRRRRR...
AH! RÖMER! JETZT WIRD'S LUSTIG!
NEIN, WIR DÜRFEN LAWINES BALL NICHT VERLIEREN.
WAS IST DENN PLÖTZLICH MIT DEN KÖTERN LOS?
GRRRRR...

WIR VERDUFTEN!
FASST SIE!!
RECHT SO! EIN BISSCHEN AUSLAUF TUT EUCH GUT.
FWUTSCH!
FEIERABEND, TERMINUS! KOMM, GENEHMIGEN WIR UNS EINE KLEINE ZIEGENMILCH!
DA SAG ICH NICHT NEIN!
IN DIE KATAKOMBEN! DA HÄNGEN WIR SIE AB!

TURBINE! DU BIST DIE SCHNELLSTE! SCHNAPP DIR DEN BALL UND RENN VOR!
PAFF!
KLAPP!
UPS!
LAUFT OHNE MICH WEITER. ICH HOL DEN BALL!
GUT! WIR LENKEN SIE AB!
TOCK!
?!
ICH KÜMMERE MICH UM DIE BOHNENSTANGE, FANGT IHR DIE ANDEREN!

BAWUFF! ZERBERUS VERFOLGT TURBINE!
?
NA, IHR RÖMER, WOLLT IHR SPIELEN?
GLUPS!
BAWUFF!
FIEP! FIEP!
PAFF!
HOPP!
TOCK!
WRROOOOOOOOO...
HAB DAS BÄLL-CHEN! IDEFIKSCH WIRD STOLZ AUF MISCH SCHEIN!
HARRG!
BONG!

PFOTEN WEG! DAS IST DER BALL VON CAMULOGENOS!
?!
POCK!
POCK!
POCK!
DANKE FÜR DIE INFORMATION. DEN BEHALTE ICH!
ZERBERUS!! LASS SIE IN RUHE!
TURBINE?! ALLES IN ORDNUNG?
JAJA! ALLES GUT!
UND DER BALL VON CAMULOGENOS?
NA JA... DEN HAT JETZT ZERBERUS!
DEIN AUFTRAG LAUTETE, DIE UNBEUGSAMEN ZU FANGEN, UND DU KOMMST MIR MIT EINEM OLLEN BALL?!
NICHT IRGENDEIN BALL, EURE HOHEIT... ER GEHÖRTE LAWINE, DER HÜNDIN DES GALLISCHEN HÄUPTLINGS CAMULOGENOS!
PFFFF! DEIN BLÖDER BALL KANN MIR GESTOHLEN BLEIBEN!
POPP!

PAFF!
TOCK!
PIFF!
BONG!
PIFF!
MIAUUU!
PIFF!
TOCK!
PAFF!
HMMM... ICH BEHALT IHN DOCH! VERSCHWINDE!
ZURÜCK IM SCHLUPF-WINKEL...
WAS?! MACHT IHR WITZE???
CHRRR!
IHR HABT DEN BALL DES CAMULOGENOS VERLOREN?!
CHRR!
PSSSST... WECK ASTMATIX NICHT!
DER WIRD SCHIMPFEN...
ACH, JA? GLAUBT IHR?
WIR MÜSSEN DAS BÄLLCHEN ZURÜCKHOLEN, EHE ER MERKT, DASS ES VERSCHWUNDEN IST...
HABT IHR MIR BROT-KRUMEN MITGE-BRACHT?
GLUPS!

ACH! ÄH! OH! ZU DUMM! DIE HABEN WIR VÖLLIG VERGESSEN, ABER WIR GEHEN DIR SCHNELL WELCHE HOLEN!
DANKE, FREUNDE. EIN GLÜCK, DASS ICH EUCH HABE!
UND SPÄTER, VOR DEM PALAST...
HE, RÖMER! SÄGEMEHL-LIEFERUNG!
ICH KÖNNTE HILFE BEIM ABLADEN BRAUCHEN.
UND WEN TRIFFT'S WIEDER? NATÜRLICH MICH!
HE!
PAFF!
HE!
PAFF!
HE! WAS TREIBST DU DA OBEN?!! NA, WARTE! WENN ICH DICH ERWISCHE!
MIAUUU!
PAFF!
GUT GEMACHT, SARDINE, ER IST WEG! JETZT SCHNELL!

AH... DIESE RÖMER... SOLCHE FAULPELZE... ALLES MUSS MAN SELBER MACHEN...
DIE STREU IST EINGETROFFEN, PRINZESSCHEN... SÄGESPÄNE AUS LIGURISCHEM OLIVENHOLZ, DEINE LIEBLINGS-SORTE!
BEIM JUPITER, JETZT LASS DOCH MAL DEN BALL. KOMM EIN BISSCHEN KUSCHELN.
MIIIAAAUUU!
OH!! IST JA GUT. ICH LASS IHN DIR!
?!
DIE SPINNEN, DIE RÖMER...

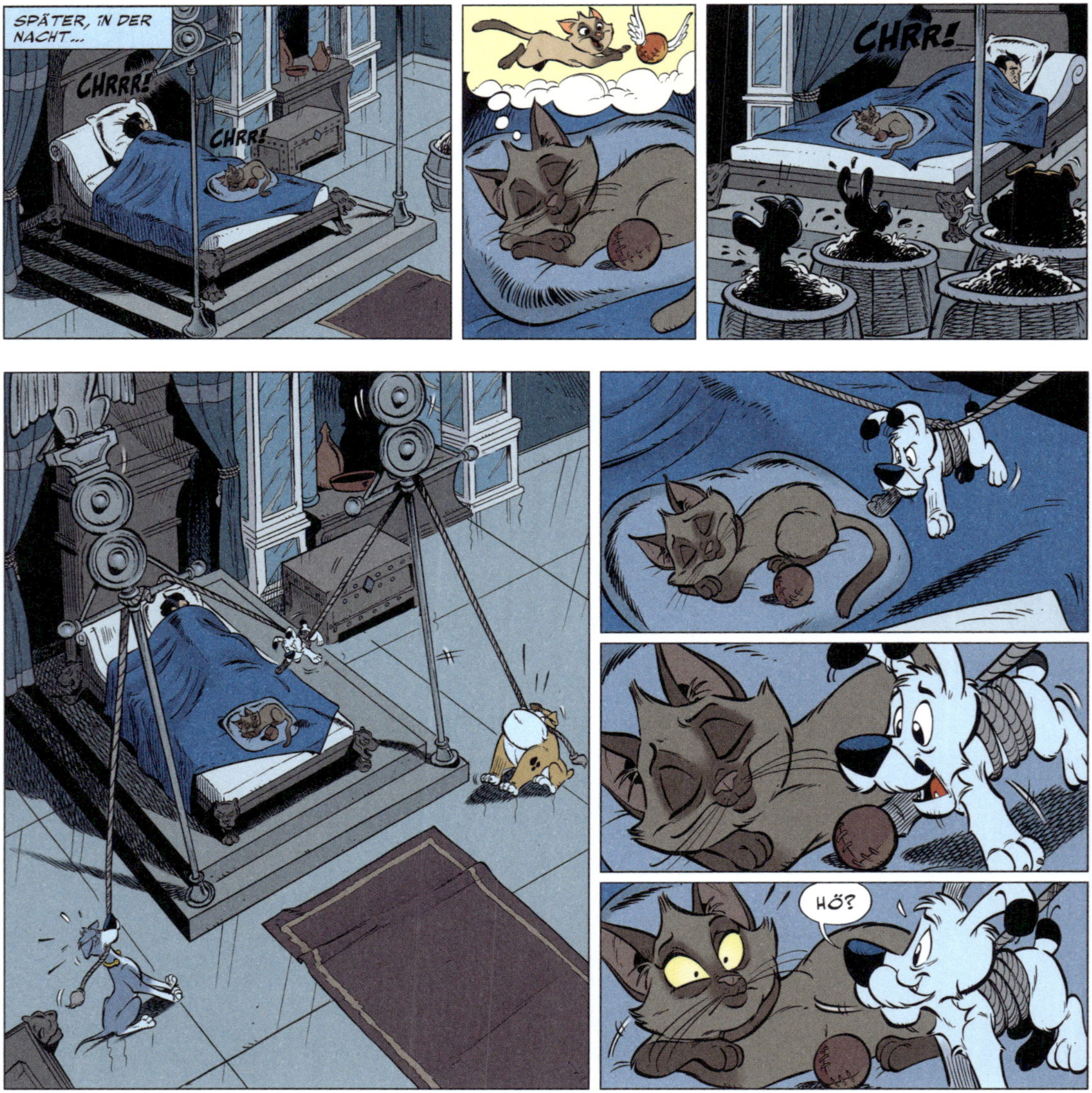
SPÄTER, IN DER NACHT...
CHRRR!
CHRR!
CHRR!
HÖ?

MiAAAUUUU!
?!
WACHEN!
MiAUUUU!
WACHEN!
SO EiNE GURKENTRUPPE! WO WART iHR?!
FANGT SiE!!

FANGT SIE!
FANGT SIE!
FANGEN WIR SIE!
BRINGT MIR DEN BALL WIEDER! SONST GIBT'S KEINEN FRESSNAPF!
SCHARF RECHTS!
UIUIUI!! IST DAS GLAAAATT!!!
BONG!

PIFF!
BUMM!
PAFF!
DER BALL!
PAFF!
PAFF!
KLIRR!
TOCK!
BEIM MERKUR! NICHTS UND NIEMAND GELANGT IN DIE GEMÄCHER DES GROSSEN LABIENUS!
PAFF!
PIFF!
POPP!
!?!
!!
TOCK!
POPP!
PAFF!
TOCK!
PAFF!
TOCK!
PIFF!
BING!
KLIRR!
WEISST DU, WAS, TERMINUS? ICH SCHNAPPE MIR DIESEN BA...
BLAM!

PIFF!
BING!
PAFF!
JA-HA, WIR BLEIBEN AM BALL! IHR SEID GELIEFERT, UNBEUGSAME!
BONG!
TOCK!
PIFF!
TOCK!
TOCK!
PAFF!
BEEINDRUCKEND, WIE IHR ALLES AN EUCH ABPRALLEN LASST...
KEINE AHNUNG, WAS DU DA GEMACHT HAST, ABER DAS WAR EINE ORDENTLICHE BRUCHLAN...
PAFF!
PIFF!
PAFF!
TOCK!

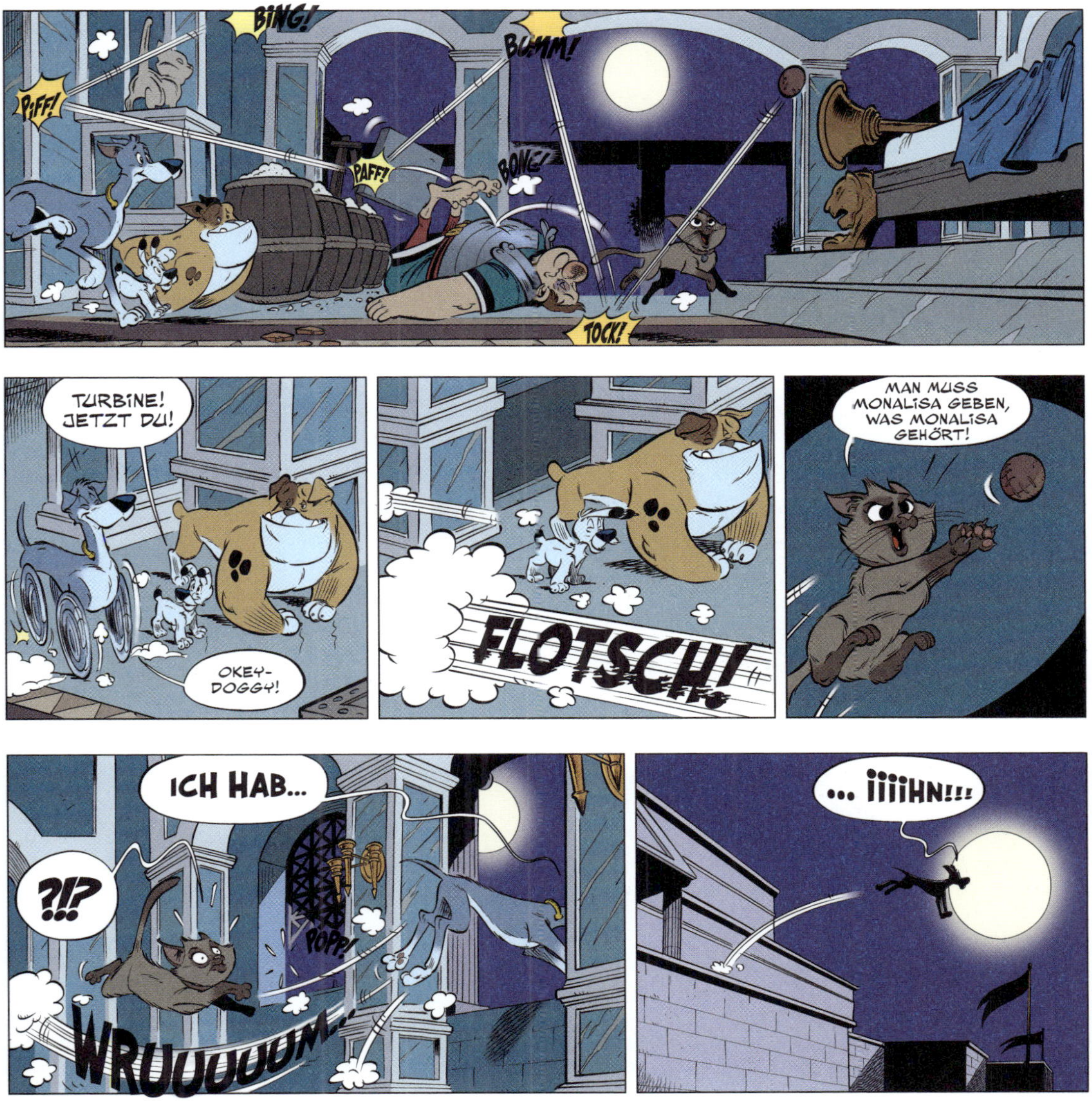
BING!
PIFF!
BUMM!
PAFF!
BONG!
TOCK!
TURBINE! JETZT DU!
OKEY-DOGGY!
FLOTSCH!
MAN MUSS MONALISA GEBEN, WAS MONALISA GEHÖRT!
ICH HAB...
?!?
POPP!
WRUUUUUUM...
... IIIIHN!!!

MEIN BAAAAAAAAALL!
BUMM!
HABT IHR DAS GESEHEN?
LOS, ZURÜCK ZUM SCHLUPF-WINKEL!
MIR IST HUNDEELEND!
ZERBERUUUSSS!!
ICH WETTE, DAS BEDEUTET KEINEN FRESS-NAPF FÜR DEN CHEF!
HEUTE KEIN FRESSNAPF!
WIE HAST DU DAS ERRATEN, GEHBEIFUS?
WEISS AUCH NICHT... HAB'S GEWIT-TERT...
PIFF!
KURZ DARAUF SIND UNSERE HELDEN IN IHREN SCHLUPF-WINKEL ZURÜCK-GEKEHRT...
WAS?! HABT IHR ETWA DRAUSSEN MIT DEM BALL GESPIELT?

DAS HATTE iCH EUCH DOCH VERBOTEN!
DAS WAR MEiNE SCHULD, ASTMATIX. EiGENTLiCH...
EiGENTLiCH HABEN WiR UNS ÜBERLEGT: DiE BESTE ART, LAWiNES ANDENKEN ZU EHREN, iST DOCH, MiT iHREM BÄLLCHEN ZU SPiELEN!
DU HAST RECHT. EiN BALL, DER NiCHT HÜPFT, iST WiE EiN TAG OHNE ESSEN!
HABT iHR DiESMAL AN MEiNE BROT-KRUMEN GEDACHT?
UPS!
JA! iCH HAB DRAN GEDACHT!
WAR DOCH KLAR, DASS iHR MAL WiEDER ZU BESCHÄFTiGT SEiD, DARUM...
BEiM ALBERNTROS...! iCH HEBE MEiNE KRUMEN AUF DAS ANDENKEN VON CAMULOGENOS UND LAWiNE!
LANG LEBE LAWiNE!!
SAG MAL, iDEFiX, KÖNNEN WiR MORGEN WOHL WiEDER MiT DEM BÄLLCHEN SPiELEN?
LASS UNS LiEBER MiT STÖCKCHEN SPiELEN, TURBiNE! DAS iST NiCHT SO ANSTRENGEND!
ENDE
DiESER GESCHiCHTE

DIE HICKS-EPIDEMIE

TEXT: MATTHIEU CHOQUET
ZEICHNUNGEN: JEAN BASTIDE

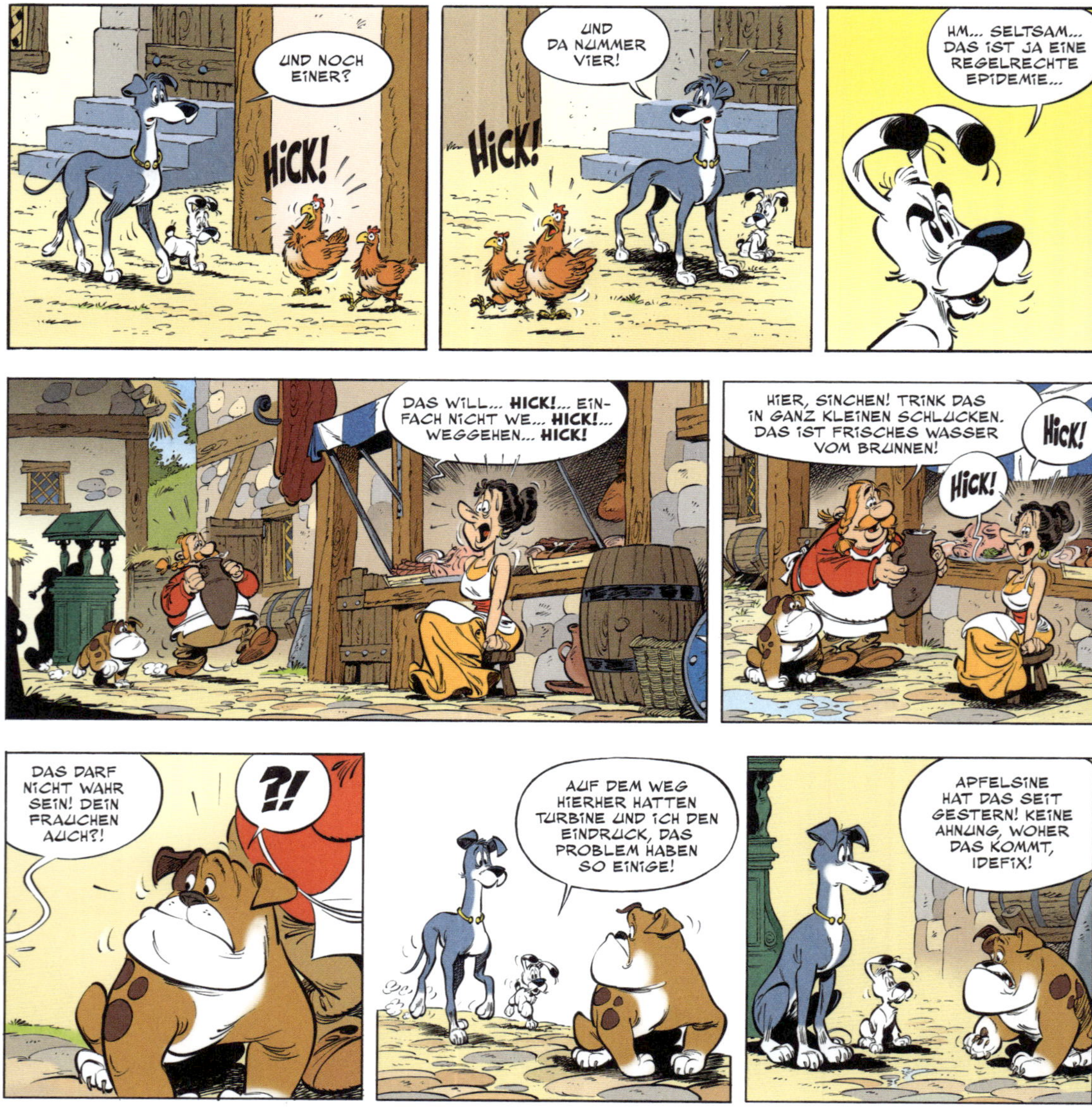

UND NOCH EINER?
HICK!
UND DA NUMMER VIER!
HICK!
HM... SELTSAM... DAS IST JA EINE REGELRECHTE EPIDEMIE...
DAS WILL... **HICK!**... EIN-FACH NICHT WE... **HICK!**... WEGGEHEN... **HICK!**
HIER, SINCHEN! TRINK DAS IN GANZ KLEINEN SCHLUCKEN. DAS IST FRISCHES WASSER VOM BRUNNEN!
HICK!
HICK!
DAS DARF NICHT WAHR SEIN! DEIN FRAUCHEN AUCH?!
?!
AUF DEM WEG HIERHER HATTEN TURBINE UND ICH DEN EINDRUCK, DAS PROBLEM HABEN SO EINIGE!
APFELSINE HAT DAS SEIT GESTERN! KEINE AHNUNG, WOHER DAS KOMMT, IDEFIX!

UNTERDESSEN...
ES IST MIR GELUNGEN, DAS BRUNNENWASSER VON LUTETIA DURCH EINEN FERMENTIERTEN FISCHSUD ZU KLÄREN: GARUM LUPUS, SO SCHMACKHAFT WIE GESUND!
BALD SIND ALLE BEWOHNER VON LUTETIA GEGEN JEDEN KRANKHEITSERREGER IMMUN!
AH! EIN WEITERER SCHRITT AUF DEM WEG ZUR ZIVILISATION! NICHT WAHR, PRINZESSIN?
MIAU!
O GENERAL!!!
O GENERAL!!!
WAS IST DENN LOS, BEIM JUPITER?
?

EINE EPIDEMIE! ES WIMMELT ALLERORTS VON KRANKEN GALLIERN!
W... WAS? EINE EPIDEMIE!!?
SCHWUPS!
RIEGELT DIE STADT AB! NIEMAND DARF REIN ODER RAUS!
HALTET DIESE BARBARENSEUCHE JA VON MEINEM PALAST FERN!!!
WIR SCHLIESSEN!

ALLE NACH HAUSE UND DRINNENBLEIBEN!
WAMM!
LABIEEENUS!!!
DAS IST DOCH SCHASCH-LIX!
LABIENUS! OHNE EIN HEILMITTEL WIRD SICH GANZ LUTETIA ANSTECKEN! ICH HÄTTE DA EINE IDEE!
VADE RETRO!!!*
WAS SCHLÄGST DU VOR, GALLIER?

* LAT.: ZURÜCK!

DER DRUIDE AMNESIX KENNT GEWISS EIN HEILMITTEL! LASS MICH IN DEN WALD GEHEN, UM IHN ZU HOLEN!
ALLE DRUIDEN SIND AUS LUTETIA VERBANNT! AUSSERDEM DARF NIEMAND REIN ODER RAUS!
GEH NACH HAUSE!
WIR KÖNNEN LUTETIA VERLASSEN, OHNE VON DEN RÖMERN GESEHEN ZU WERDEN...
WAFF! WAFF! WAFF!!
?
DA HAST'S GEHÖRT, SCHNÄUZELCHEN. WIR MÜSSEN IM HAUS BLEIBEN!
ABER, MINCHEN, WIR SIND DOCH NICHT NACH LUTETIA GEKOMMEN, UM HIER NUR DRINNEN ZU HOCKEN.
WAFF! WAFF!
WAS WILLST DU MIR ZEIGEN, HÜNDCHEN?
DEN WALD?
DORT WOHNEN DOCH DIE DRUIDEN!
WEISST DU, WO DIE HÜTTE VOM DRUIDEN AMNESIX STEHT?!
WIFF!

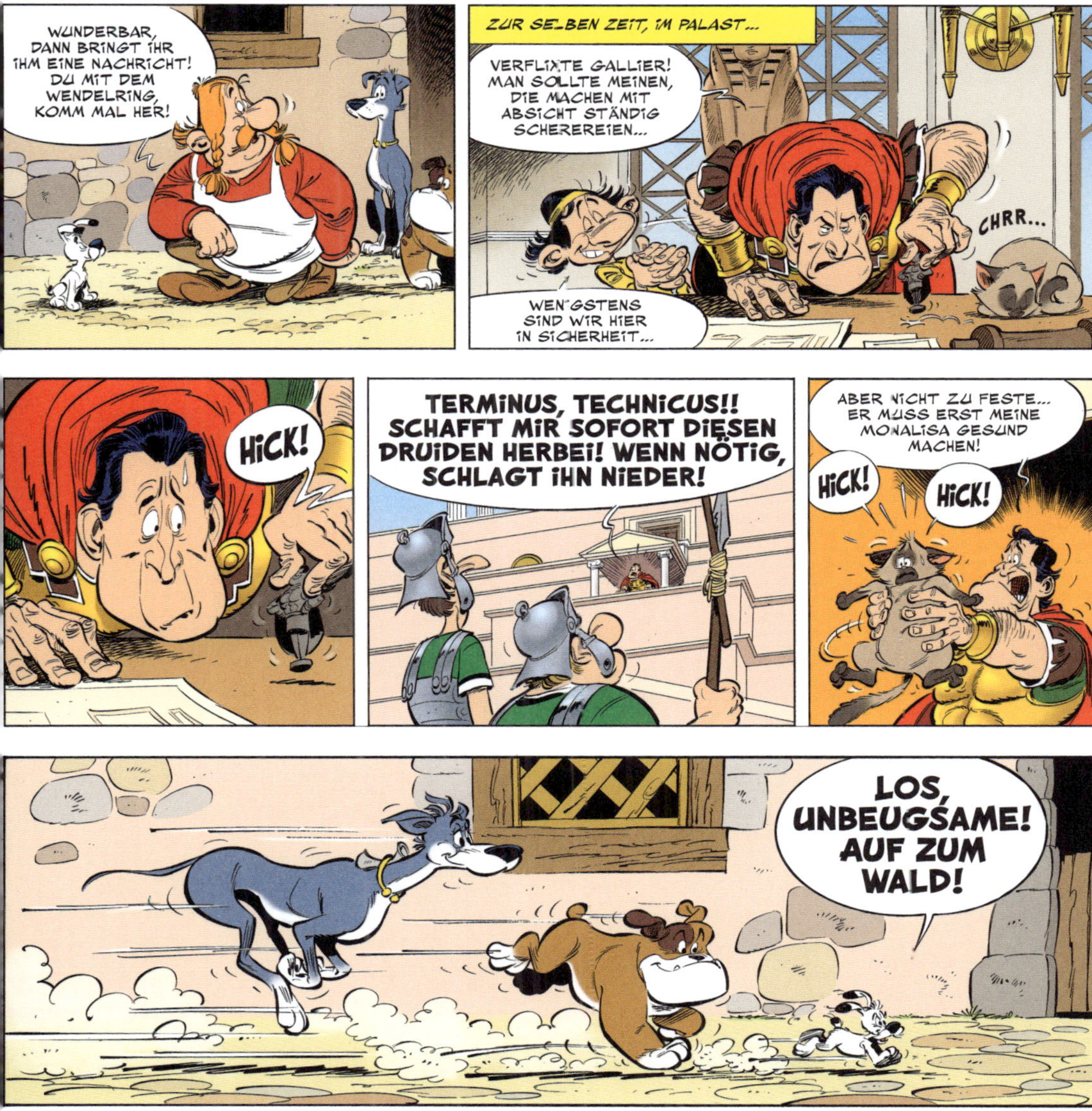
WUNDERBAR, DANN BRINGT IHR IHM EINE NACHRICHT! DU MIT DEM WENDELRING, KOMM MAL HER!
ZUR SELBEN ZEIT, IM PALAST...
VERFLIXTE GALLIER! MAN SOLLTE MEINEN, DIE MACHEN MIT ABSICHT STÄNDIG SCHEREREIEN...
CHRR...
WENIGSTENS SIND WIR HIER IN SICHERHEIT...
HICK!
TERMINUS, TECHNICUS!! SCHAFFT MIR SOFORT DIESEN DRUIDEN HERBEI! WENN NÖTIG, SCHLAGT IHN NIEDER!
ABER NICHT ZU FESTE... ER MUSS ERST MEINE MONALISA GESUND MACHEN!
HICK!
HICK!
LOS, UNBEUGSAME! AUF ZUM WALD!

SPÄTER...
LUTETIA STINKT MIR!
WAS IST NUN SCHON WIEDER LOS?
FAHR ZU, DU AMPHORE!!
SPQ
SPQR
ALLES IN ORDNUNG DAHINTEN? TURBINE, HAST DU DIE NACHRICHT VON SCHASCHLIX NOCH?
KANN ICH NICHT SEHEN!
BAWUFF! NICHT TRÖDELN, TURBINE! WIR DÜRFEN KEINE ZEIT VERLIEREN!

MACHT PLATZ! MACHT PLATZ!
DIE RÖMER!

SCHAU AN! DIE GEHEN OFFENBAR AUCH IN DEN WA-D...
WENIG SPÄTER...
WIR MÜSSEN MONA-LISA RETTEN, KOSTE ES, WAS ES WOLLE! DOPPELTE FRESS-NAPFRATION FÜR DEN ERSTEN, DER DEN DRUIDEN WITTERT!
HOFFENTLICH FINDEN WIR IHN NICHT GLEICH! HIER IST ES HIMM-LISCH RUHIG! MAN HÖRT NICHT AUF SCHRITT UND TRITT JEMANDEN MIT SCHLUCK...
...HICK!
???
HICK!

AAAH! BEIM JUPITER! DER KÖTER HAT SICH MIT DER KRANKHEIT DER GALLIER ANGE-STECKT!
HICK!
HICK!
HICK!
GEHBEIFUS! ICH GLAUBE, ES HICKT! HALTE ABSTAND!!!
TUT MIR LEID, KUMPEL...
HICK!
BIS ZUR HÜTTE VON AMNESIX IST ES NICHT MEHR WEIT!
HICK!!
?

AAAH! DIE UNBEUGSAMEN! TUT MIR NICHTS... HICK!... ICH BIN ANSTECKEND!
GRRRRR!!!
WARTE, DERTUTNIX! DER IST AN-SCHEINEND KRANK...
WAS HAST DU HIER ZU SUCHEN, RÖMER?
MONALISA IST... HICK!... KRANK. WIR SOLLEN DEN DRUIDEN ZUM PALAST BRIN-GEN, DAMIT ER SIE... HICK!... GESUND MACHT...
NUR MONALISA? DIE GALLIER WERDEN NICHT GEHEILT?!!
NEIN... HICK!... ICH AUCH NICHT! ALS SIE GEMERKT HABEN, DASS ICH KRANK BIN, HABEN SIE MICH VER-STOSSEN ...
VERSTOSSEN! DER ÄRMSTE...
?
ÄH, G...GESCHIEHT DIR GANZ RECHT, RÖMER!!
RÖMER ODER NICHT, DIE UNBEUGSAMEN LASSEN KEINEN KRANKEN HILFLOS IM WALD ZURÜCK!
KOMM MIT! ZUFÄLLIG GEHEN WIR ZUM DRUIDEN. DER KANN DICH HEILEN...
ICH...? ÄH... HICK!... NA SCHÖN!

AMNESIX? DER IST AUSGEGANGEN, MISTELN SCHNEIDEN. ABER ICH BEREITE EUCH GERN DAS HEILMITTEL ZU-HU!
HICK!
NEIN DANKE...
WIESO NICHT? ICH WÜRD'S NEHMEN!
RRRUH... WER BIST DENN DU-HU?
ER GEHÖRT ZU UNS!
HE! VON WEGEN!
HM... WENN DU MÖCHTEST, PROBIERE MEINETWEGEN DIE MITTELCHEN VON WEISSNIX, ABER ICH WARNE DICH, DIE HABEN NIE DIE GEWÜNSCHTE WIRKUNG!
NICHT SO... HICK!... SCHLIMM. ICH BIN BEREIT, ALLES ZU VERSUCHEN!
GUT! WIR MÜSSEN UNBEDINGT AMNESIX FINDEN, BEVOR DIE RÖMER ES TUN!
FRISCH ANS WERK!
NUR WENIG SPÄTER...
PURRFFF!
WOHLAN! AUGEN ZU-HU UND RU-HUNTER DAMIT!

LAPP! LAPP!
NUN, GEHEILT?
PFFFFF!
HICK!
HU, HU...
LASST MICH LOS, SAG ICH!
KLAPPE, DRUIDE, SONST SCHLAGEN WIR DICH NIEDER!
VORSICHT! SO EIN DRUIDENKÖPFCHEN IST EMPFINDLICH!
GRRRRR! GRRRR!
???
GRRRR!

DER BERSERKER! SCHNELL, JUNGS! VERTEIDIGUNGS-FORMATION!
TSCHACK!
PAFFF!
SCHTONG!
BROFF!
?
GRRR!
HALLO, ZERBERUS!
DU! DIE MIKROBE!
GRRR!
BLEIB STEHEN, VERFLIXTER GALLIER!
!?
HA, HA, HA! UND TSCHÜSS, ZERBERUS!

HOPPLA, SPEICHELFLUS, WAS IST DENN MIT DIR LOS?
GRRR!!!
AAAHH!!!
GRRR!!!
UNTERDESSEN...
REPURRRFFF!
GU-HUT!... DIESMAL IST ES DER RICHTIGE!
HOFFE ICH WENIGSTENS...
AUF EINMAL FÜHLE ICH MICH GANZ LEICHT...
AAAAH!!!
ÄH... ZUMINDEST IST ER VOM SCHLUCKAUF KU-KURIERT!

BRA... BRAVE HÜNDCHEN...
GRRRR!
WO IST JETZT AMNESIX?
FLUPP!
!
RWUFF! WUFF! GRRRR!
GRRRR!!!
ZU HILFE!
?
AAAAH!
AAAAHH!
?
?
AAAAHH!
RUMS!
HEUTE KEIN FRESSNAPF!

AH, DANKE, FREUNDE!
OH, WAS HAST DU DENN DA, MEINE HÜBSCHE?
VERSTEHE... DANN GLEICH AN DIE ARBEIT!
BALD, ZURÜCK IN LUTETIA...
HICK!
SCHLÜRF! SCHLÜRF!
ACH! ICH HAB MEIN ALTES SINCHEN WIEDER!
MACHT PLATZ!!
MEINE PRINZESSIN BRAUCHT DEIN GEBRÄU, DRUIDE!
HICK!
AH... ENDLICH!
ABER... DRUIDEN IST DER AUFENTHALT IN LUTETIA NOCH IMMER NICHT GESTATTET...

EINERLEI... ICH WOHNE SOWIESO LIEBER IM WALD. DOCH WENN DU EINE NEUE EPIDEMIE VERHINDERN WILLST, SOLLTEST DU DIE QUELLE SUCHEN...
MONALISA, HAST DU EINE IDEE, WIE DU DICH ANGESTECKT HAST?
NEIN, KEINE AHNUNG! ICH HABE DEN PALAST NUR VERLASSEN...
... UM AM BRUNNEN EINEN SCHLUCK WASSER ZU TRINKEN...
?!
WAFF! WAFF!
?
?
?
HM... DAS SCHAUEN WIR UNS MAL GENAUER AN...
PRUFF!
ABER!!... DIESES WASSER WURDE VERGIFTET!!!

VERGIFTET!
DAS NENNST DU ALSO, DAS BRUNNENWASSER VON LUTETIA ZU KLÄREN?!
ÄH, VIELLEICHT HABE ICH'S MIT DER DOSIERUNG DES GARUMS ETWAS ZU GUT GEMEINT...
GRRRR
NEIN, NEIN, NEIN!! LASST MICH RUNTER!!
ICH FLEHE EUCH AN, HELFT MIR RAUUUS!!!
WOHL BEKOMM'S, BÜRSCHCHEN!
HICK!

ABENDS, IM SCHLUPFWINKEL DER UNBEUGSAMEN...
EUREM RÖMER IM WALD HÄTTE ICH GESAGT, ER SOLL ZUSCHAUEN, WIE ER ALLEINE ZURECHT-KOMMT!
IDEFIX HAT RECHT! EGAL, OB GALLIER ODER RÖMER, UM KRANKE MUSS MAN SICH KÜMMERN!
DER GUTE REICHT DEM FEIND DIE PFOTE UND BRINGT SEINEM FREUND BROT-KRUMEN MIT!
ÄH... ENT-SCHULDI-GE...
ICH HÄTTE DIR JA WELCHE BESORGT, ABER ICH WAR HEUTE GAR NICHT DRAUSSEN...
ODER DOCH... EINMAL KURZ, UM WASSER ZU TRINKEN AM...

HICK!
OH NEIN!
HA! HA! HA!

HICK! HICK!
HA! HA! HA! HA!
ICH MAG MUS-HICK NUR, WENN SIE LAUT IST, DAS IST ALLES, WAS ICH HÖR...
ENDE DIESER GESCHICHTE

EIN LIED FÜR LABIENUS...

TEXT: JÉROME ERBIN
ZEICHNUNGEN: PHILIPPE FENECH

ROM DIKTIERT MIR KEIN GESETZ, LABIENUS ICH MICH WIDERSETZ!
BRAVO! BRAVO!
GENAU!!! RECHT SO!!
ZOING! ZOING!
DER HAT MUMM, ABER SEIN LIED LOCKT WOMÖGLICH DIE RÖMER AN!
WAU! WAU!! JAUUUUUL!
WAU! WAU!! JAUUUUUL!
DU BIST AUCH NICHT BESSER, TURBINE. PST, DIE RÖMER!
WAU! WAU!! JAUUUUUL!
VON MIR KRIEGT IHR KEINEN SESTERZ, ALLERHÖCHSTENS ETWAS SCHMERZ, LUTETIA GEHÖRT MEIN GANZES HERZ, EURE FESSELN SIND EIN SCHERZ!
ROM DIKTIERT MIR KEIN GESETZ...
DIE RÖMER! DIE RÖMER!!
?!
?
?!

DANKE, FREUNDE! WENN IHR MEINE GRÖSSTEN ERFOLGE HÖREN MÖCHTET, KOMMT HEUTE ABEND IN DEN KÄUZCHENKELLER!
HUNDELEGION, MARSCH!
FASST IHN!
NUR GEMEINSAM SIND WIR STARK! WIR ALLE ZUSAMMEN!
?!
NA, NA, NA, STEHEN GEBLIEBEN, BLONDSCHOPF! GENERAL LABIENUS BRENNT DARAUF, DEIN LIEDCHEN ZU HÖREN!
TOC!
TURBINE, LENK DIE BEAGLES AB!
OKEY-DOGGY! HIHIHI!!
WUSCH!

DIE UNBEUGSAMEN!!
NA, IHR SCHOSSHÜNDCHEN?
WETTEN, IHR KRIEGT MICH NICHT!?
HALTET DIE STELLUNG, DAS IST EIN TRICK!
BLBLBLBLBLBLBLBLBLBLB...
?
?
GRRRRRRRRR!!!
?!?
UTSCHHHH...
UTSCHHHH...
DERTUTNIX, ICH MUSS AUF DEN RÜCKEN VON ZERBERUS!
ACHTUUUNG... UND SCHUSS!!!
PAFF!

RUNTER DA, MIKROBE!!
AAAH... WAS BIN ICH AUF DEN HUND GEKOMMEN!
DIE SPINNEN, DIE KÖTER, ODER?
AUAAAA!!
AAAAAHHHHHH!!!
WOLLTET IHR ETWA OHNE EURE FREUNDIN SARDINE MIT DEN RÖMERN SPIELEN?!
VOLLE BREITSEITE!!!
TREFFER VERSENKT!
BONG!

HAHA! SIEG DURCH K. O. FÜR DIE UNBEUGSAMEN!
DANKE! MACHT'S GUT... DEN LETZTEN BEISSEN DIE HUNDE! JIIIIIHAAAAA!!
O... ODER KRATZEN DIE KATZEN!
ALSO, ICH HÖRE! LAUTER! ICH VERSTEHE NICHTS!!
DU ARROGANTER GENERAL, NIEMALS ICH DIR STEUERN ZAHL!
ROM DIKTIERT MIR KEIN GESETZ...!
LABIENUS ICH MICH WIDER-SETZ!
DIESER GRAUTVORNIX WIRD IMMER FRECHER! MIT SEINEN LIEDERN WIEGELT ER DIE LEUTE STÄNDIG GEGEN DIE HERRSCHAFT ROMS AUF...
DOCH DAMIT IST SCHLUSS! UND ZWAR GLEICH HEUTE ABEND!
ZU BEFEHL, O GENERAL!... NUR... ÄH... WIE?...
MAN HAT MIR BERICHTET, DASS ER AM HEUTIGEN ABEND IM KÄUZCHEN-KELLER SINGT. BEI DER GELEGENHEIT SCHNAPPT IHR IHN! WEHE, IHR LASST IHN ENT-WISCHEN! SONST...

LATRINEN-DIENST...
ICH WILL ZURÜCK NACH ROM, DER STADT DER SÜSSEN MELODIEN! DOCH DU, ZERBERUS, WILLST MICH IN DIESEM VERDRECKTEN, ÜBEL RIECHENDEN KAFF VERSAUERN LASSEN!
IM GEGENTEIL, EURE HOHEIT! BEI VENUS, ICH WÜNSCHTE, IHR WÄRET IN ROM...
ÄH... WOMIT ICH NICHT MEINE, DASS IHR GEHEN SOLLT...
DANN FANG IDEFIX UND SEINE RÄUDIGEN FREUNDE!
SONST... KEIN FRESSNAPF!
SCHLUCK!
ICH ZÄHLE AUF EUCH! HEUTE ABEND MÜSSEN WIR GRAUTVORNIX BESCHÜTZEN. SARDINE FÜHRT UNS ZU DEM ORT IN DEN KATAKOMBEN, WO ER SINGEN WIRD.
HM... IN DEN KATAKOMBEN GIBT ES VIELE LECKERE KNOCHEN... SCHLECK!

SICHER WERDEN DIE RÖMER DORT AUFKREUZEN, ALSO MÜSSEN WIR DIE AUGEN... TURBINE, HÖRST DU MIR ZU?
ABER JA! WIR GEHEN... ÄH... KNOCHEN KNABBERN?
NEIN! KONZENTRIER DICH MAL BITTE, TURBINE! WIR BESPRECHEN UNSEREN PLAN, DU MUSST ZUHÖREN!
ABER ICH BIN KONZENTRIERT! UND ICH HÖR DIR IMMER ZU!
ACH, JA?!! UND WAS WAR HEUTE MORGEN, ALS ICH GESAGT HAB: HÖR AUF ZU SINGEN?... HAST DU DA ZUGEHÖRT?
AHA! WENN ICH IMMER SO UNKONZENTRIERT BIN, DANN MACHT ES DOCH OHNE MICH, EUER... ÄH... KEINE AHNUNG...! PAH!
NA, TOLL! JETZT SIND WIR HEUTE ABEND EINE UNBEUGSAME WENIGER...
KEINE SORGE, IDEFIX, DIE KOMMT ZURÜCK. GANZ SICHER!

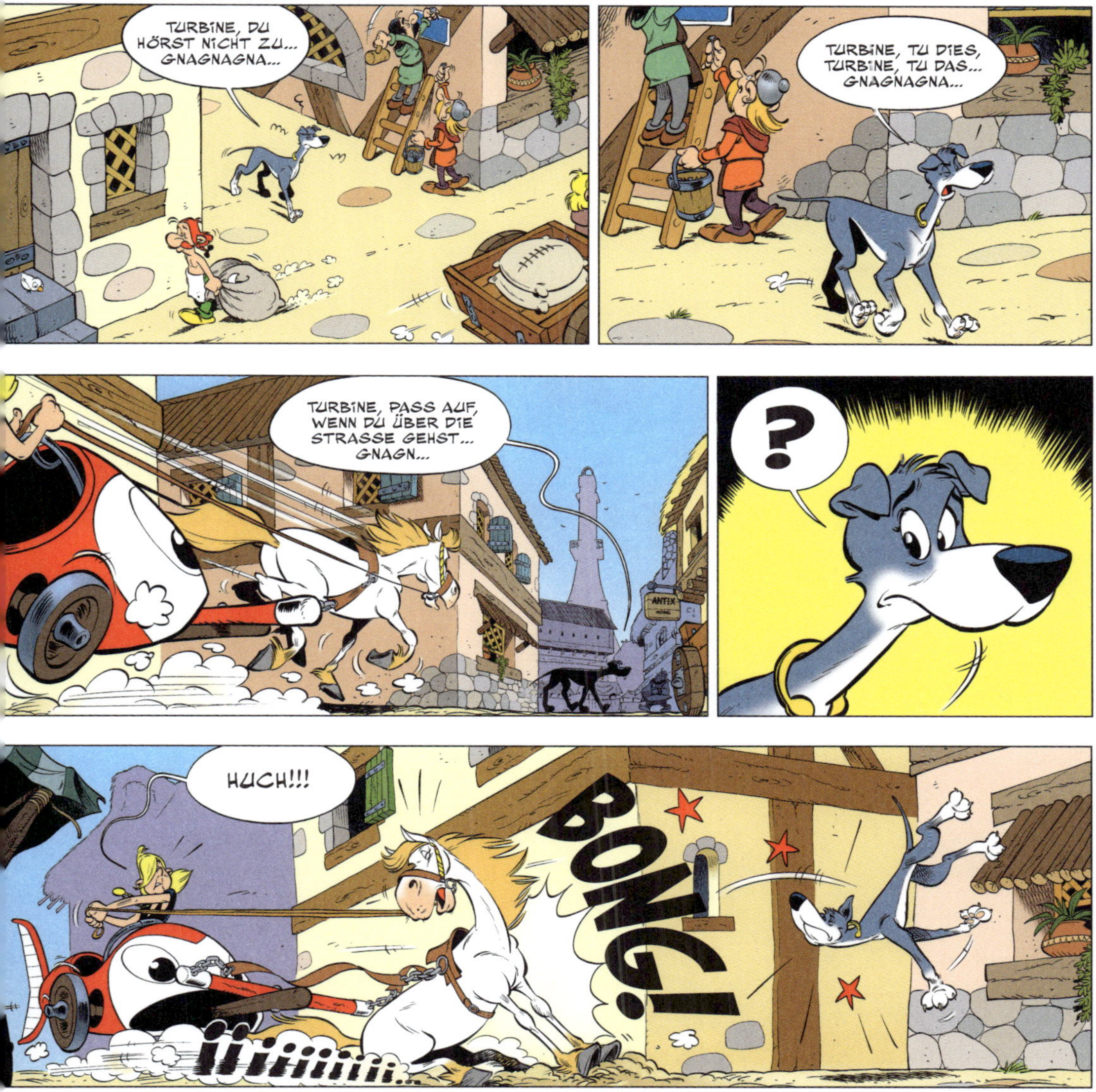
TURBINE, DU HÖRST NICHT ZU... GNAGNAGNA...
TURBINE, TU DIES, TURBINE, TU DAS... GNAGNAGNA...
TURBINE, PASS AUF, WENN DU ÜBER DIE STRASSE GEHST... GNAGN...
ANTIX
?
HUCH!!!
BONG!
IIIIIIIIIIII...

OH NEIN! DU ÄRMSTE, HAST DU DIR WEHGETAN??
HE, DICH KENNE ICH DOCH! DU HAST MIR HEUTE MORGEN GEHOLFEN!
NACH EINBRUCH DER NACHT, IN DEN KATAKOMBEN...
DOCH CÄSAR SPIELTE UNS 'NEN STREICH, ZWANG UNS IN DAS RÖMISCHE REICH...
DRUIDEN, MISTEL, HINKELSTEIN, DAS REICHT MIR ZUM GLÜCKLICH-SEIN!
ROM DIKTIERT MIR KEIN GESETZ, LABIENUS ICH MICH WIDERSETZ!
JAUHUHUHUL!
BRAVO!
WUSSTE DOCH, DASS UNS TURBINE NICHT IM STICH LÄSST!
GRAUTVORNIX! IM NAMEN ROMS, DU BIST VER-HAFTET!
HUNDE-LEGION, FASST IHN!

?!
POPP!
AH! ÄH... BRAVES HÜNDCHEN!
GRRRRRR...
HARRG!
WRRR
PAFF!
WAFF! WAFF!
ÄH... HIESS DAS JETZT, ICH SOLL DIR FOLGEN? NA GUT!

HINTERHER! FASST DIE UNBEUGSAMEN!
?!
BIST DU AUF DEN KOPF GEFALLEN, GALLIER?
EIN ECHTER DICKSCHÄDEL!
LASST MICH LOS!!! IHR SOLLT MICH LOSLASSEN! DAS WERDET IHR BÜSSEN! LASST MICH LOS!
BEI BELL-BELLENOS! DIE HABEN IHN!
MIR NACH, UNBEUGSA...
GRRRRRR... DEN NERVTÖTENDEN GALLIER HABEN WIR SCHON! UND IHR KOMMT JETZT SOFORT MIT...
KRACH!

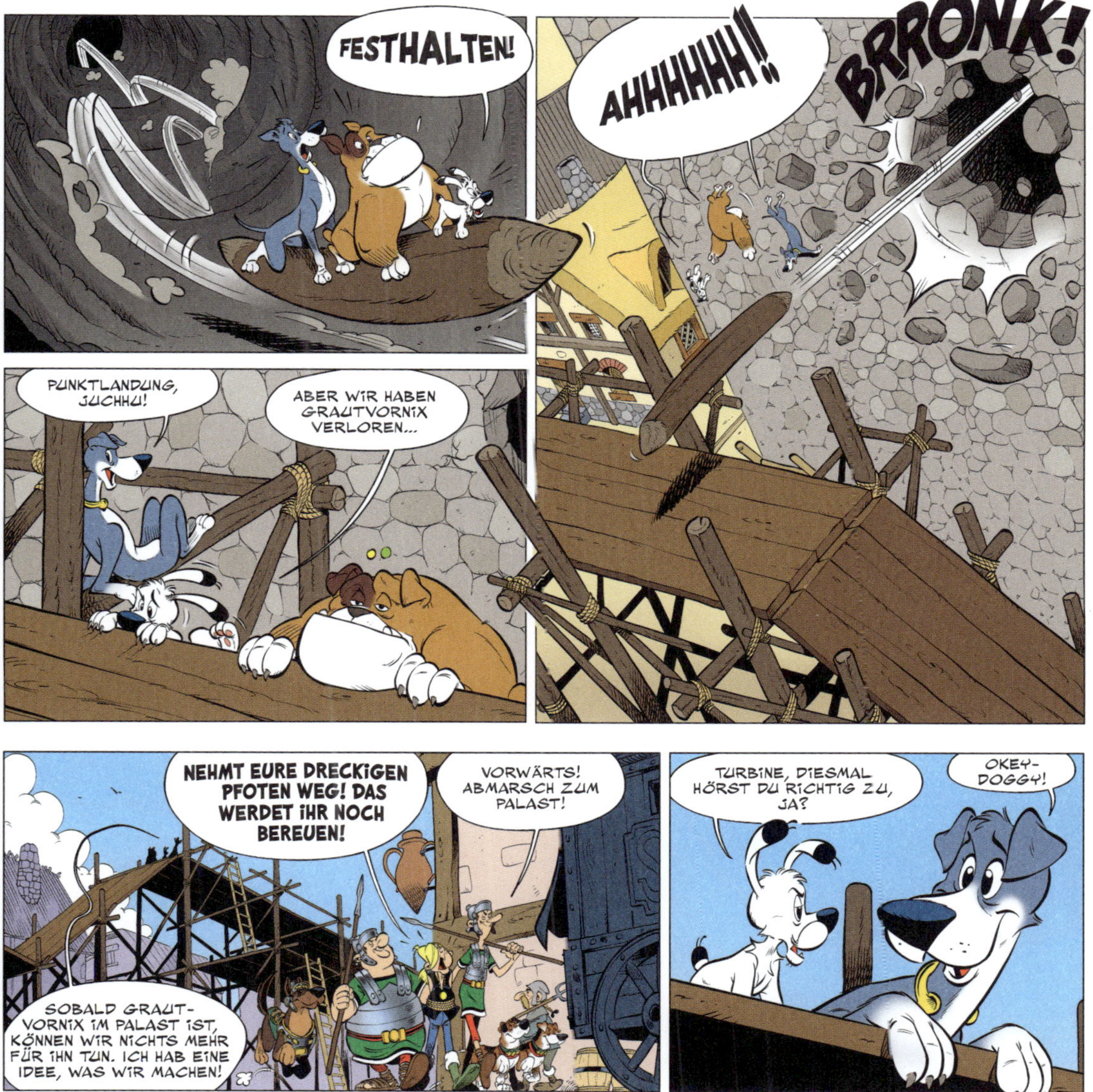
FESTHALTEN!
AHHHHHH!!
BRRONK!
PUNKTLANDUNG, JUCHHU!
ABER WIR HABEN GRAUTVORNIX VERLOREN...
NEHMT EURE DRECKIGEN PFOTEN WEG! DAS WERDET IHR NOCH BEREUEN!
VORWÄRTS! ABMARSCH ZUM PALAST!
SOBALD GRAUTVORNIX IM PALAST IST, KÖNNEN WIR NICHTS MEHR FÜR IHN TUN. ICH HAB EINE IDEE, WAS WIR MACHEN!
TURBINE, DIESMAL HÖRST DU RICHTIG ZU, JA?
OKEY-DOGGY!

HE, RÖMER! HIER SIND WIR! UND? HABT IHR ETWA HÖHENANGST?
FASST SIE...! NICHT, DASS UNS NOCH DIE FRESSNAPFRATION GEKÜRZT WIRD!
LABIENUS FREUT SICH SCHON MÄCHTIG AUF DICH!
... UND DIE LÖWEN ERST! HAHAHA!
SPQR
HOPP!

DU SCHON WIEDER? LEIDER KOMMST DU ZU SPÄT, MEINE GROSSE... VERSCHWINDE, SONST LANDEST DU AUCH NOCH BEI DEN LÖWEN...
WAS HAT IDEFIX NOCH GESAGT?
ACH JA!
JAUHUHUHUL!
DU HAST RECHT! MEINE WAFFE IST DER GESANG!
JAUHUHUHUL!
DU ARROGANTER GENERAL, NIEMALS ICH DIR STEUERN ZAHL!
IHR ENTKOMMT MIR NICHT, GALLIER!
FANG UNS DOCH, RÖMER!
HUCH! SO WEIT KÖNNEN WIR NICHT SPRINGEN!

ÜBERLASS DAS MIR... BAWUFF!
DERTUTNIX, NEIIIN!!!!
FREISTOSS VERWANDELT! HILF TURBINE, IDEFIX! ICH KÜMMERE MICH UM DIE RÖMER!
PAFF!
BAWUFF! ICH BIN HEISS WIE EIN BOHNENEINTOPF AUS TOLOSA*! HE! KOMMT ZURÜCK, HEILIGER KNOCHEN!
SO EIN HUNDELEBEN BEI DER LEGION...
DU ARROGANTER GENERAL, NIEMALS ICH DIR STEUERN ZAHL!
SPQR
DIE VERHAFTEN GRAUTVORNIX!
ROM DIKTIERT MIR KEIN GESETZ, LABIENUS ICH MICH WIDERSETZ!
IM NAMEN VON GENERAL LABIENUS: AUSEINANDER!
DAS LASSEN WIR NICHT ZU!
LASST IHN FREI!
EURE FESSELN WERDEN MICH NIE DAVON ABHALTEN, MEINE STIMME ZU ERHEBEN!
ACH JA, DIE FESSELN!... GENAU! DAS WAR DER PLAN!

* TOULOUSE.

DU BIST FAMOS, WEISST DU DAS?! DA LANG! DORT STEHT MEIN WAGEN!
GASP!
GRRRRR...
ZERBERUS!
?
MISS DICH LIEBER MIT JEMANDEM DEINES KALIBERS!
GRRRRR...
FRRRSSSSCHHH...

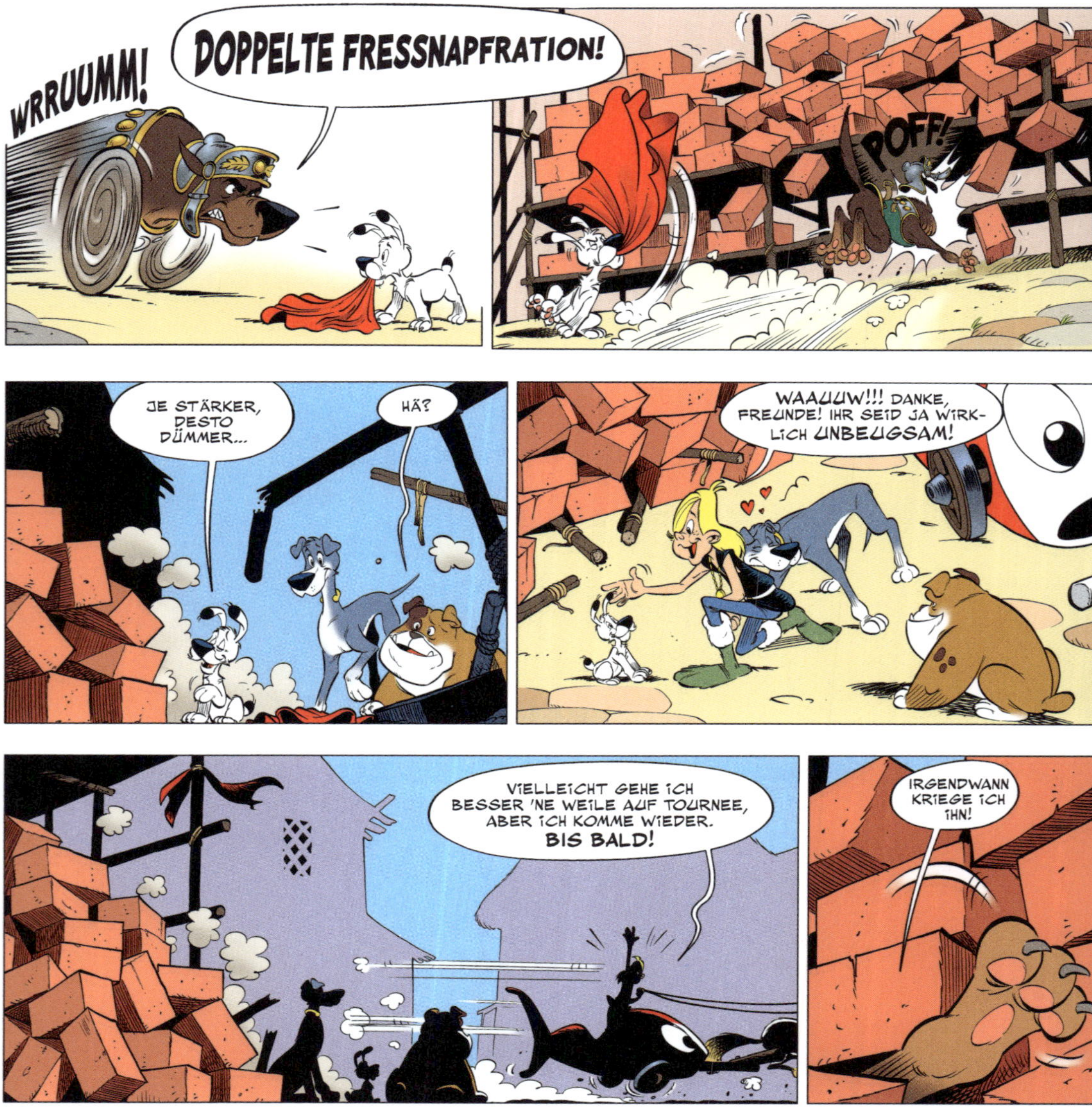
WRRUUMM!
DOPPELTE FRESSNAPFRATION!
POFF!
JE STÄRKER, DESTO DÜMMER...
HÄ?
WAAUUW!!! DANKE, FREUNDE! IHR SEID JA WIRKLICH UNBEUGSAM!
VIELLEICHT GEHE ICH BESSER 'NE WEILE AUF TOURNEE, ABER ICH KOMME WIEDER. BIS BALD!
IRGENDWANN KRIEGE ICH IHN!

NA, HERR PROTESTBARDE? IMMER NOCH EIN LIEDCHEN AUF DEN LIP...
WAS?!
SPQR
?!
ABER, ABER, ABER!
DAS IST **UNMÖGLICH!** ER WAR GERADE NOCH DA DRIN, GENERAL.
UNFÄHIGE BANDE! IHR WISST, WAS JETZT KOMMT...?
LATRINEN!!
ÄH... EUER HOHEIT, ICH...
HEUTE KEIN FRESSNAPF!
SCHLUCK!
TOCK!
ICH WUSSTE, DASS DU ES SCHAFFST, TURBINE!! HIER, DEN HAST DU DIR VERDIENT!
SIEHST DU, ES IST GAR NICHT SCHWER, SICH ZU KONZENTRIEREN!
ÄH... KONZENTRIEREN? WORAUF?

ENDE
DIESER GESCHICHTE

Idefix begegnet ihr auch in vielen Abenteuern von Asterix und Obelix!

Schon gesehen? Idefix® gibt's auch bei TOGGO!

TOGGO